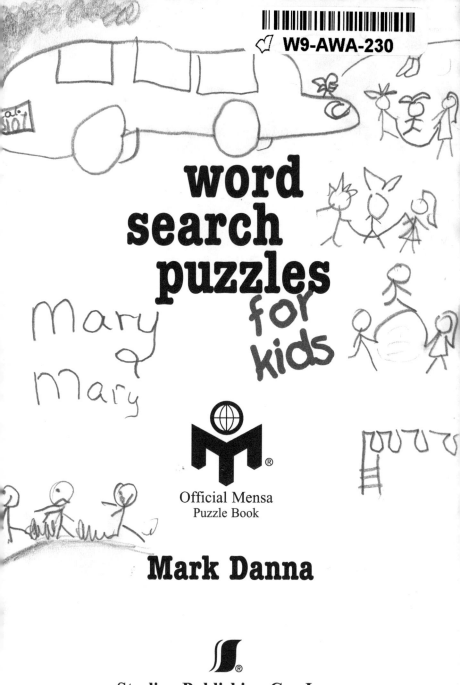

word search puzzles for kids

Official Mensa
Puzzle Book

Mark Danna

Sterling Publishing Co., Inc.
NEW YORK

W9-AWA-230

Thanks to Peter Gordon, my editor,
for proposing this book;
Mike Shenk for his word search software;
and Liz Mostov for her helpful suggestions.

Mensa and the distinctive table logo are trademarks of
American Mensa, Ltd. (in the U.S.), British Mensa, Ltd. (in the U.K.),
and Mensa International Limited, Ltd. (in other countries)
and are used by permission.

Library of Congress Cataloging-in-Publication Data Available

Edited by Peter Gordon

12   14   16   18   20   19   17   15   13

Published by Sterling Publishing Co., Inc.
387 Park Avenue South, New York, N.Y. 10016
© 1999 by Mark Danna
Distributed in Canada by Sterling Publishing
℅ Canadian Manda Group, 165 Dufferin Street
Toronto, Ontario, Canada M6K 3H6
Distributed in Great Britain and Europe by Chris Lloyd at Orca Book
Services, Stanley House, Fleets Lane, Poole BH15 3AJ, England
Distributed in Australia by Capricorn Link (Australia) Pty. Ltd.
P.O. Box 704, Windsor, NSW 2756, Australia

Manufactured in the United States of America
All rights reserved

Sterling ISBN-13: 978-0-8069-6557-4
ISBN-10: 0-8069-6557-6

Contents

Introduction

Welcome to the wonderful world of word searches. (Say *that* three times fast!) Sure, words are used primarily to communicate, but let's face it—they're a lot of fun to play with, too. And there are lots of ways to play with them.

A word search puzzle is like a game of hide-and-seek. We hide the words ... you go seek them. If you've never solved a word search, no problem. We'll explain all the rules shortly. If you have done word searches, keep reading. You'll learn about the twists we've added for some extra fun.

A word search puzzle is made up of two main parts: a grid and a word list. The usually rectangular-shaped grid is filled with what looks to be a meaningless jumble of letters. Actually, that jumble hides all the words and phrases given in the word list, which appears on the same page.

Hidden words and phrases always go in a straight line, but may run horizontally, vertically, or diagonally. Horizontal words (words that go across) may run forward or backward. Vertical words may go down or up. Diagonal words (top left to lower right, or top right to lower left) may run up or down along their angle. So words may run in any of eight possible directions. Also, be aware that the same letter may be used more than once when words cross it in two or more directions. Furthermore, ignore all punctuation and spaces in the word list when searching in the grid. For example, "That's all, folks!" would appear in the grid, in some direction, as THATSALLFOLKS. If all that sounds confusing, don't worry ... it won't be for long. All it takes is a little practice.

You can tackle a word search in many ways. Some solvers start by searching for the across words. Others look for the long words first or words containing less common letters such as Q, Z, X, or J. Still others begin at the top of the word list and methodically work their way to the bottom. Whatever works for you is fine.

The same holds true for marking the grid. You can loop the

hidden words, draw a straight line through them, or circle each individual letter. Whatever you choose, we recommend you cross off the words on the word list as you find them in the grid.

Each of the 56 puzzles in this book has a different theme and about the same level of difficulty, so you can skip around and do the puzzles in any order you like. All but three of the grids are in the shape of a rectangle with 11 letters across and 15 letters down. (That's useful to know. If a word or phrase is more than 11 letters long, it is too long to go across or diagonally and so it must run vertically.) Each word list, except one, has 20 words or phrases. (Can you find the odd one?) Most of the puzzles here have a good balance of horizontal, vertical, and diagonal words throughout the grid—an elegance lacking in most word search puzzles. And, unlike in other places, you'll see no isolated words here—all the words in a puzzle connect to one another.

This book is special for many reasons. The biggest reason is that there are puzzles within puzzles. In fact, each puzzle contains a hidden message! After you've found all the words in a grid, read the unused letters left to right, row by row, from top to bottom and you'll discover that they spell out a hidden message relating to the puzzle's theme. (There's no punctuation, so you'll have to figure that out, too.) Hidden messages contain silly sayings, puns, riddles, amazing facts, quotations, definitions, or interesting observations. Hidden messages are a bonus you'll rarely find in other word search books or magazines.

Another puzzle-within-a-puzzle may be the theme itself. Sometimes the puzzle's title will make the theme obvious. Other times, you'll need to use a little imagination to see what the title means. In the three "Guess the Theme" puzzles, you'll really need to use your noggin because you won't be given the themes or the word lists!

There are other added twists. A few grids have shapes related to their themes. One puzzle contains numbers. One puzzle has a word list in which all the entries are the same length. And some puzzles, when completed, display specially designed loop patterns.

If you draw loops (and most solvers do), make sure the loop contains only the letters in the word you've found and no other letters. Otherwise, you'll end up missing letters from the hidden message. Separating the unused letters from the loops can be tricky anyway, so you may want to use a colored pencil to shade in the loops. Drawing a line through a word or circling its individual letters makes it easier to spot the hidden message, but you'll miss out on any special loop patterns. Also, a line crosses through letters, making them harder to read later when you may need them for crossing words. Individually circled letters, when bunched together, tend to swallow up words, making them hard to find should you need to recheck them.

None of this should throw you for a loop. *Word Search Puzzles for Kids* is easy and fun for kids of all ages. (Yes, Mom and Dad, that means you, too.) So mark my words—literally! You'll have a great time "Getting Started" (puzzle 1) and all the way through to "Famous Last Words" (the book's final puzzle).

—Mark Danna

Guess the Theme Instructions

To make things a bit trickier, the theme and the word list of three puzzles are a secret. It's up to you to figure out what the 20 items hidden in the grid are and what they have in common. To get you started, we'll tell you the first letter of each word or phrase and give you the appropriate number of blanks. For example, if the item were APPLE TREE, the hint would be A_ _ _ _ _ _ _ _ _.

After you loop an item in the grid, fill in the appropriate blanks below the grid to help you with the word list. If you find a word that doesn't fit in any of the blanks, ignore it: it's not part of the list. You may also find that more than one word will fit a particular set of blanks. If it doesn't have something in common with all the other entries, ignore it, too. To help you, the clue list, when completed, will be in alphabetical order. There is just one correct overall puzzle solution.

When you're done looping, read the unused letters from left to right, row by row, from top to bottom. They will spell out a message that reveals the theme.

1. GETTING STARTED

D	E	C	A	R	G	Y	A	S	D
N	R	T	Y	O	I	F	V	E	R
S	O	S	H	D	A	F	D	O	K	V
O	I	I	C	E	A	O	R	E	E	W
P	D	L	T	N	G	E	A	G	A	E
E	M	N	G	I	H	E	R	R	D	I
N	N	E	E	T	D	T	M	T	E	S
T	D	B	T	E	F	U	O	R	E	E
H	P	I	U	U	P	K	A	D	P	G
E	H	T	P	T	R	U	I	I	B	N
B	D	E	T	A	E	S	E	B	R	G
O	M	E	B	H	K	O	U	K	E	P
O	T	M	A	C	I	H	P	L	A	N
K	E	I	I	L	N	N	G	C	T	W
E	A	P	H	C	T	E	K	S	H	R

AUDITION
BE SEATED
DEAL
EMBARK
ENLIST
GET READY
GET UP
GO HIDE
HIT THE ROAD
OPEN THE BOOK

PACK
PICK SIDES
PLAN
SAY GRACE
SKETCH
TAKE A DEEP BREATH
TEE OFF
THINK
WAKE UP
WARM UP

2. AT THE MALL

```
T  R  U  O  C  D  O  O  F  T  A
L  L  P  A  A  E  S  W  O  R  B
A  U  R  L  S  R  A  W  E  A  S
S  T  A  R  B  U  C  K  S  P  C
S  R  H  A  T  W  C  A  L  A  O
Y  N  T  E  O  O  H  E  D  G  W
A  C  F  I  L  E  N  E  S  E  S
D  T  L  T  G  I  W  A  R  H  D
I  U  O  A  N  L  M  C  L  T  L
R  O  A  T  I  S  J  I  T  S  A
F  G  S  H  K  R  H  A  T  T  N
I  N  S  R  R  M  E  O  A  E  O
G  A  L  L  A  M  R  S  P  A  D
T  H  J  C  P  E  N  N  E  Y  C
L  L  N  O  R  D  S  T  R  O  M
```

ARCADE	MCDONALD'S
BROWSE	NORDSTROM
CARTS	PARKING LOT
CLAIRE'S	SEARS
FILENE'S	SHOP
FOOD COURT	STARBUCKS
FOOT LOCKER	STORE
HANG OUT	T.G.I. FRIDAY'S
J.C. PENNEY	THE GAP
J. CREW	THE LIMITED

3. X MARKS THE SPOT

```
X  O  B  D  N  A  S  A  B  H  B
O  I  O  X  E  R  A  P  E  U  A
S  T  S  E  L  I  F  X  E  H  T
P  T  T  P  H  E  A  L  L  M  T
H  I  O  X  E  G  O  O  E  E  L
I  A  N  F  O  E  K  U  N  I  E
N  X  R  N  T  R  D  I  O  E  A
X  I  E  P  X  A  H  S  H  L  X
E  Y  D  N  O  C  D  X  P  O  R
I  X  S  C  A  M  E  I  O  H  O
E  A  O  M  C  R  A  V  L  X  C
Y  L  X  D  O  H  E  R  Y  O  I
X  A  I  X  U  N  T  G  X  F  X
F  G  R  H  E  S  E  I  C  E  E
B  O  X  X  I  N  E  O  H  P  M
```

AXLE	LOUIS XIV
BATTLE-AX	MEXICO
BOSTON RED SOX	OXYGEN
DEEP-SIX	PHOENIX
EXODUS	SANDBOX
FAX MACHINE	SPHINX
FOXHOLE	THE X-FILES
GALAXY	XEROX
HARPO MARX	X-RAY
HEXAGON	XYLOPHONE

4. THE SIMPSONS

```
D  L  E  I  F  G  N  I  R  P  S
T  O  D  H  E  O  S  P  A  A  R
Y  E  N  R  A  B  B  C  P  E  E
B  A  A  U  L  I  E  M  N  S  N
W  A  K  H  T  O  A  S  I  E  N
H  M  R  B  U  R  N  S  D  J  I
Y  O  A  T  G  W  U  F  N  P  K
H  O  B  N  O  M  L  C  E  C  S
C  A  A  S  K  A  I  I  L  A  R
T  O  P  N  N  R  G  A  S  R  U
A  R  P  D  E  G  U  I  O  K  O
R  A  E  N  A  E  L  S  N  T  M
C  R  L  M  G  Y  H  C  T  I  Y
S  A  N  D  O  K  O  O  D  Y  E
O  S  S  R  E  H  T  I  M  S  S
```

BARNEY	MAGGIE
BART	MARGE
DONUT	MR. BURNS
EDNA KRABAPPEL	NED FLANDERS
GRAMPA	NELSON
HOMER	OTTO
ITCHY	SCRATCHY
JIMBO	SEYMOUR SKINNER
KRUSTY	SMITHERS
LISA	SPRINGFIELD

5. CIRCLING THE BASES

```
            B  T  C
         A  E  H  E  A
      S  T  R  I  K  E  T
   E  E  Y  I  E  V  R  U  C
   H  O  I  U  P  N  R  E  M  O  H
I  G  E  R  S  M  T  M  T  A  C  J  E
T  T  R  O  E  P  U  R  E  T  T  A  B  K  R
P  N  R  E  S  O  U  T  F  I  E  L  D  L  B
L  U  O  N  D  E  C  K  P  H  E  A  G  A  U
   B  E  E  L  I  R  D  F  O  U  L  C  B
      W  K  R  A  L  S  E  N  A  K  G
         E  O  I  F  S  R  I  S  F
         W  H  T  E  R  T  E
            H  C  A  O  C
            N  P  R
```

BACKSTOP	FOUL
BALK	HOMER
BASE HIT	NO-HITTER
"BATTER UP!"	ON DECK
BUNT	OUTFIELD
CATCHER	SLIDER
CHOKE UP	STRIKE
COACH	UMPIRE
CURVE	WILD PITCH
ERROR	WORLD SERIES

6. "IT'S ABOUT TIME!"

```
T  R  A  E  Y  T  H  G  I  L  I
M  O  O  E  N  E  H  I  S  T  L
H  N  E  G  D  O  C  S  M  O  A
S  T  H  G  I  N  T  R  O  F  I
S  I  M  T  T  V  A  N  A  O  D
A  M  L  I  U  D  W  H  O  A  N
L  E  B  M  N  L  L  E  G  W  U
A  T  H  E  I  U  A  N  G  I  S
R  A  L  R  B  M  T  A  I  N  B
M  A  C  A  N  I  I  E  N  S  P
C  O  H  O  U  R  G  L  A  S  S
L  E  N  N  D  T  I  B  S  K  H
O  R  E  T  A  L  D  E  E  O  P
C  H  R  A  H  S  T  E  C  N  U
K  S  S  T  O  P  W  A  T  C  H
```

ALARM CLOCK	LATER
BIG BEN	LIGHT-YEAR
BIG HAND	MINUTE
CALENDAR	MONTH
DIGITAL WATCH	"NOT NOW!"
EGG TIMER	ON TIME
EONS	SOON
FORTNIGHT	STOPWATCH
HOURGLASS	SUNDIAL
"IN A SEC!"	WEEK

7. AT THE MOVIES

```
O  A  D  P  O  P  C  O  R  N  T
T  N  N  T  O  H  A  E  M  E  O
N  V  A  S  I  E  S  D  K  Y  O
E  U  T  D  B  A  L  C  O  N  Y
E  E  S  P  A  A  I  Y  T  S  O
R  S  N  M  A  T  I  N  E  E  N
C  I  O  T  I  N  E  T  H  O  E
S  T  I  C  K  Y  F  L  O  O  R
P  D  S  A  H  H  H  S  R  D  A
K  R  S  W  I  T  G  O  O  H  T
Y  A  E  L  O  N  G  L  I  N  E
B  D  C  V  I  L  B  D  O  T  D
B  O  N  M  I  Y  F  O  S  T  P
O  R  O  A  A  E  B  U  T  S  G
L  C  C  N  C  G  W  T  E  R  S
```

BALCONY	POSTER
CANDY	PREVIEW
COMING SOON	RATED PG
CONCESSION STAND	SCREEN
DOLBY	"SHHH!"
LOBBY	SODA
LONG LINE	SOLD OUT
MATINEE	STICKY FLOOR
ON A DATE	STUB
POPCORN	TICKET

8. SURFING THE WEB

```
S  M  W  H  S  E  N  I  J  A  G
R  E  T  T  E  L  N  I  A  H  C
I  S  A  R  L  T  R  S  V  H  B
E  S  N  R  E  Y  D  U  A  S  E
Y  A  A  R  C  A  N  T  E  L  W
E  G  N  C  T  H  R  R  O  N  E
I  E  I  P  R  O  F  I  L  E  D
T  B  C  D  O  O  M  E  S  A  I
W  O  E  M  O  D  E  M  O  S  W
E  A  N  A  G  R  E  L  T  N  D
B  R  I  U  H  A  P  T  O  S  L
S  D  L  F  J  U  E  G  M  I  R
I  A  N  L  E  E  O  M  A  A  O
T  I  O  B  U  L  C  M  I  S  W
E  M  A  N  N  E  E  R  C  S  L
```

CHAIN LETTER	PRODIGY
CHAT ROOM	PROFILE
E-MAIL	SCREEN NAME
INTERNET	SEARCH
JAVA	SIM CLUB
JUNO	UPLOAD
LOG ON	U.R.L.'S
MESSAGE BOARD	WEB SITE
MODEM	WORLD WIDE WEB
ONLINE	YAHOO

9. LIFE'S A PICNIC

```
B  A  D  O  S  P  O  A  P  D  I
L  U  C  T  N  U  I  I  C  A  M
A  E  N  A  N  S  S  R  D  L  C
N  A  T  S  A  T  F  E  U  A  N
K  E  E  G  T  A  I  G  R  S  R
E  I  K  O  O  C  M  R  E  O  A
T  B  S  C  F  D  O  U  O  T  W
O  D  A  F  I  T  T  B  I  A  H
S  L  B  R  S  H  L  O  L  T  C
E  E  C  T  B  D  C  S  H  O  I
C  H  I  P  S  E  E  O  O  P  W
U  C  N  P  T  L  C  L  I  N  D
K  G  C  O  O  R  E  U  E  A  N
S  Y  I  C  T  R  A  S  E  K  A
P  A  P  E  R  P  L  A  T  E  S
```

ANTS	COOKIE
BARBECUE	COOLER
BLANKET	HOT DOG
BUNS	PAPER PLATES
BURGER	PICNIC BASKET
CARROT STICK	PIES
CATSUP	POTATO SALAD
CHICKEN	RADIO
CHIPS	SANDWICH
COLE SLAW	SODA

10. GUESS THE THEME 1

For instructions on how to solve Guess the Theme puzzles, see page 8. Hint: the grid itself resembles one of the hidden items. The word list is on page 65.

```
N  T  B  H  I  B  F  L  U  T  E
O  L  I  F  E  S  A  V  E  R  S
T  S  R     S  E  G  A  G  E
E  W  D     I  L  E  E  O  E
B  S  H  S  C  H  D  B  E  L  H
O  S  O  I  R  E  E  H  C  F  C
O  E  U  S  C  L  E  E  G  G  S
K  R  S  R  T  U  N  O  D  R  S
P  C  E  I  E  D  G        E  I
A  I  O  H  K  N  N        E  W
P  A  S  S  C  T  I  H  I  N  S
E  N        O  G  W  A  R  T  S
R  R        P  S  E  W  R  T  I
T  H  I  H  N  O  S  E  E  T  O
N  O  T  T  U  B  L  N  E  S  S
```

B _ _ _ _
B _ _ _
B _ _ _ _ _ _ _
B _ _ _ _ _
C _ _ _ _ _ _ _
D _ _ _ _
F _ _ _ _
G _ _ _ _ _ _ _ _
L _ _ _ _ _ _ _ _ _
N _ _ _

N _ _ _
N _ _ _ _ _ _ _ _ _ _ _ _
P _ _ _ _ _ _ _ _ _
P _ _ _ _ _
S _ _ _ _ _ _ _ _ _ _ _
S _ _ _
S _ _ _ _ _ _ _
S _ _ _ _
S _ _ _ _ _ _ _ _ _ _
T _ _ _

11. MONOPOLY GAME

```
E  T  N  E  R  M  Y  P  O  N  B
O  S  K  R  O  W  R  E  T  A  W
S  E  U  P  O  O  L  Y  N  P  R
O  H  P  O  P  E  R  K  T  O  I
E  C  O  E  H  N  E  K  O  T  M
S  Y  R  R  O  R  A  R  E  N  K
L  T  X  A  T  Y  R  U  X  U  L
Y  I  A  M  E  L  A  E  D  D  A
A  N  A  F  L  T  I  E  I  R  W
S  U  T  J  R  C  L  N  C  E  D
E  M  T  S  H  I  R  N  E  A  R
R  M  T  A  L  A  O  M  N  T  A
D  O  N  O  T  P  A  S  S  G  O
I  C  L  C  C  G  D  I  T  Y  B
E  C  A  L  P  K  R  A  P  N  J
```

BANKER	LUXURY TAX
BOARDWALK	MONEY
CHANCE	PARK PLACE
COMMUNITY CHEST	PROPERTY
DICE	RAILROAD
DO NOT PASS GO	RENT
GAME	ROLL
HOTEL	SHORT LINE
HOUSE	TOKEN
JAIL	WATER WORKS

12. A BAND WE'D LIKE TO HEAR

```
B F L U G E L H O R N
M A R O U S I C A O I
S T N E L G N A I R T
B G X J M H E D U N P
I A A V O I R E R S E
A L S O L O C C I P N
L A O S C U N L G U N
L A N C D G T E U M Y
C Y A O T R F E A D W
H U R D Y G U R D Y H
I M P E M A A M E N I
M K O I P C N F D L S
E O S M A R I M B A T
S N G S N F F E L L L
O S E P I P G A B W E
```

ACCORDION
BAGPIPES
BANJO
BASS DRUM
CHIMES
DULCIMER
FIFE
FLUGELHORN
GONG
HARP

HURDY-GURDY
LUTE
LYRE
MARACAS
MARIMBA
PENNYWHISTLE
PICCOLO
SOPRANO SAX
TRIANGLE
TYMPANI

13. THINGS THAT SPIN

```
H W E E R A D R E A S
T P E D A E H R U O Y
R I B N R N C G I R N
A G S V O O E N P O N
E U I R O R C R A O W
E S R E N F O E T D A
H T F N E P S A R G G
T O O A E D B O R N E
M R A L L I M D N I W
V I L P E S L W D V L
S E I T D L K R L L E
R P I N I A Y A A O E
M J O U E E A B T V H
C E N T R I F U G E W
M E S S D R O T O R R
```

AUGER	RECORD
BALL	REVOLVING DOOR
BATON	ROTOR
CENTRIFUGE	SKATER
DANCER	STUNT PLANE
DERVISH	THE EARTH
DREIDEL	TOPS
DRYER	WHEEL
FRISBEE	WINDMILL ARM
PROPELLER	YOUR HEAD

14. CAMP SIGHTS

```
H  Y  A  D  S  T  N  E  R  A  P
O  C  R  A  M  P  K  S  O  R  N
R  G  S  E  A  I  S  N  D  T  S
S  W  I  M  H  C  H  A  G  S  R
E  Y  S  O  T  C  O  O  O  A  K
B  C  R  S  M  O  R  E  S  N  T
A  I  O  Q  E  F  T  A  U  D  U
C  T  R  U  N  K  S  B  S  C  O
K  A  R  I  N  E  H  F  U  R  S
R  N  A  T  R  S  E  S  P  A  T
I  N  N  O  O  U  E  N  I  F  H
D  S  I  N  N  E  T  L  D  T  G
I  T  B  A  H  E  I  C  O  S  I
N  A  A  M  R  N  P  F  I  R  L
G  R  C  E  G  A  T  E  M  A  N
```

ARCHERY
ARTS AND CRAFTS
BUNK
CABIN
COUNSELOR
FROG
HIKE
HORSEBACK RIDING
"LIGHTS OUT!"
MOSQUITO

NAMETAG
PARENTS' DAY
RAIN
SAILING
SHORT-SHEET
S'MORES
SWIM
TAPS
TENNIS
TRUNK

15. HINKY PINKY

A Hinky Pinky is a two-word rhyming phrase in which each word has the same number of syllables. A simple example is DAN RAN. In this case, just one letter—the first—changes from word to word. We think that more variety adds more fun, so in the list below, each word in the pair is spelled significantly different from the other.

```
Y  E  K  R  U  T  Y  K  R  E  J
S  E  I  X  H  L  I  P  E  C  S
K  T  O  O  F  E  W  T  S  H  S
F  N  W  H  A  L  E  J  A  I  L
D  O  G  R  S  P  O  Q  Z  N  E
S  I  A  H  T  E  S  I  W  J  T
H  T  A  E  O  W  U  E  E  U  Y
W  O  E  M  A  S  R  L  O  R  N
E  M  T  X  D  G  N  T  B  E  N
N  N  H  Y  U  E  E  G  A  G  E
K  A  O  O  A  R  H  R  E  I  P
O  E  L  C  E  C  P  G  T  N  Y
H  C  K  P  N  I  H  Y  I  G  N
W  O  E  A  E  W  R  T  K  E  A
S  T  O  R  E  D  O  O  R  R  W
```

ANY PENNY	NEAR PIER
BLUE SHOE	OCEAN MOTION
DRY TIE	OWN CONE
HIGH FLY	SHAQ'S WAX
HOT YACHT	STORE DOOR
INJURE GINGER	TOO FEW
I SPY	WEIGHED MAID
JERKY TURKEY	WHALE JAIL
LOU GREW	WHO KNEW
MEET PETE	WISE THAIS

16. ONE STEP AT A TIME

```
T  W  O  L  E  F  T  F  E  E  T
A  T  E  J  G  A  C  A  H  E  D
A  R  E  C  N  A  D  E  N  I  L
N  T  O  N  A  C  P  C  S  G  P
E  B  E  S  H  S  R  C  A  I  O
R  D  A  A  C  P  O  H  P  I  H
A  I  C  L  L  I  M  G  N  O  Y
C  H  R  E  L  A  B  M  A  S  D
A  B  O  O  A  E  K  O  S  T  N
M  O  L  E  B  A  T  E  R  A  I
G  E  N  E  K  E  L  L  Y  E  L
R  N  H  L  C  O  W  T  T  O  A
D  D  O  S  I  D  O  S  A  R  N
C  P  E  D  K  A  N  U  O  C  E
T  H  E  R  E  D  S  H  O  E  S
```

AEROBICS	KICK, BALL, CHANGE
BALLET	LINDY HOP
CHA-CHA	LINE DANCE
DISCO	MACARENA
DO-SI-DO	POLKA
GENE KELLY	PROM
HIP-HOP	SAMBA
HORA	TANGO
HUSTLE	THE RED SHOES
JETÉ	TWO LEFT FEET

17. THE LEGEND OF ARTHUR

```
A  E  R  E  V  E  N  I  U  G  A
R  T  X  I  H  U  R  A  M  V  L
D  O  S  C  N  E  W  E  A  A  E
E  O  S  A  A  B  R  L  L  U  K
R  C  A  M  E  L  O  T  L  T  A
D  E  T  O  I  N  I  I  P  H  L
R  O  U  N  D  T  A  B  L  E  E
O  U  L  L  K  R  T  L  U  R  H
M  K  N  I  G  H  T  A  H  R  T
E  S  N  Y  W  D  O  N  R  Q  F
C  G  L  D  O  U  N  C  U  T  O
M  O  R  G  A  N  L  E  F  A  Y
H  O  U  F  T  H  S  L  G  E  D
R  O  M  R  A  T  S  O  T  E  A
O  R  U  H  T  R  A  T  N  E  L
```

ARMOR	LADY OF THE LAKE
ARTHUR	LANCELOT
AVALON	LEGEND
CAMELOT	MERLIN
COURT	MORDRED
EXCALIBUR	MORGAN LE FAY
GUINEVERE	QUEST
HOLY GRAIL	ROUND TABLE
KING	UTHER
KNIGHT	VISOR

18. FEELING LUCKY?

```
K  N  O  C  K  O  N  W  O  O  D
C  F  L  L  A  B  T  H  G  I  E
A  I  N  D  E  M  S  I  C  S  N
R  T  H  I  R  T  E  E  N  U  G
C  A  C  A  B  K  H  E  V  P  N
A  A  H  D  G  S  A  U  P  E  P
N  C  A  E  I  N  N  E  M  R  N
O  Y  N  W  B  I  S  O  R  S  T
P  H  C  J  I  N  X  R  O  T  U
E  O  E  C  G  S  A  H  T  I  S
T  T  G  O  U  I  H  L  B  T  R
S  I  N  N  N  R  O  B  G  I  G
R  A  B  B  I  T  S  F  O  O  T
O  O  O  D  T  B  L  E  U  N  C
K  W  H  O  R  S  E  S  H  O  E
```

BIG BREAK	LOTTO
BINGO	OMEN
CHANCE	RABBIT'S FOOT
CHARM	RAINBOW
CURSE	SEVEN
DICE	STEP ON A CRACK
EIGHT BALL	STREAK
HORSESHOE	SUPERSTITION
JINX	THIRTEEN
KNOCK ON WOOD	WISHBONE

19. IT'S ELEMENTARY

```
W P H O S P H O R U S
H E O C A L T D O Y O
U R N T U R A N I U M
G I E T A I F T R Y O
Z O Y R T S I M E H C
U D S W A L S L B M N
S I L V E R M I M O E
W C A L C I U M U U G
R T E A I C I N N M O
I A U M O S D Y C O R
D B U P X G O E I T D
N L P A Y T S T M L Y
S E S A G E L B O N H
R O O M E I C G T P A
C H E N N O B R A C E
```

ATOMIC NUMBER	NEON
CALCIUM	NOBLE GASES
CARBON	OXYGEN
CHEMISTRY	PERIODIC TABLE
COPPER	PHOSPHORUS
GOLD	POTASSIUM
HYDROGEN	SILVER
ISOTOPE	SODIUM
LEAD	URANIUM
METALS	ZINC

20. PIECE A PIZZA

```
      N O O O M A E F T
    T T A N C H O V I E S
    T E L A R A H O I W I T Y
  O S U G A S L M I L N C E A
  B U E M U S H R O O M I
  R R T R Y E O U R R
  O C L H E G A E
  C I L R A G P
  C V A E T P R O
  O O B A E L D U M I
  L S T P T A T H B I S P
  I W A A A N P A R M E S A N
    S E U M T S A U S A G E E
    M A C O S Y T A S H P
    I E E T O N I O N
```

ANCHOVIES	ONION
BROCCOLI	OREGANO
CRUST	PARMESAN
EGGPLANT	PEPPERONI
FETA	PESTO
GARLIC	ROMANO
HAMBURGER	SALT
MEATBALL	SAUCE
MUSHROOM	SAUSAGE
OLIVE	TOMATO

21. DOG AND CAT SCAN

```
H E A T H C L I F F M
S W S H E N B E I U T
O L D Y E L L E R S R
C E A D L I L R N L Y
K P D P X V A P O J C
S I U M R Y E U I H I
E E N A G W E S E S N
B K O R T S A S T I G
A U Y T I T H I T E A
L D D S A I R N A Y R
I A N D R C I B P I F
N M S E Y T P O G C I
A R C S N T O O D I E
S A A I I N N T T D L
T M R D S E O S G S D
```

ASTRO	MURRAY
BENJI	ODIE
BUDDY	OLD YELLER
CHESHIRE CAT	PUSS IN BOOTS
EDDIE	RIN TIN TIN
FELIX	SNOOPY
GARFIELD	SOCKS
HEATHCLIFF	SYLVESTER
LASSIE	TOP CAT
MARMADUKE	TRAMP

22. STAR WARS

```
T  T  H  E  E  M  P  I  R  E  H
T  E  D  A  R  K  S  I  D  E  F
H  I  L  L  N  M  J  E  S  T  S
E  Y  P  U  A  S  A  E  R  C  T
F  E  P  K  B  T  O  I  D  L  O
O  A  L  E  H  L  L  L  I  I  R
R  S  W  S  R  O  A  G  O  W  M
C  S  T  K  G  D  H  A  R  O  T
E  A  S  Y  P  T  R  O  D  O  R
R  O  O  W  S  R  L  I  F  K  O
O  D  N  A  L  O  L  E  V  I  O
A  O  B  L  F  D  S  E  B  E  P
B  E  N  K  E  N  O  B  I  E  E
R  T  A  E  R  E  W  A  R  A  R
S  D  A  R  T  H  V  A  D  E  R
```

BEN KENOBI	LEIA
DARK SIDE	LIGHTSABER
DARTH VADER	LUKE SKYWALKER
DEATH STAR	REBEL
DROID	STORMTROOPER
ENDOR	THE EMPIRE
HAN SOLO	THE FORCE
HYPERDRIVE	TRILOGY
JEDI	WOOKIEE
LANDO	YODA

23. "OH-OH!"

```
S  O  F  O  O  T  L  O  O  S  E
M  E  E  O  O  T  H  O  E  R  B
B  A  Z  O  O  K  A  D  O  I  O
U  A  B  O  L  L  E  O  G  R  W
K  O  Y  R  O  D  P  F  S  A  D
C  O  C  O  O  N  O  R  R  K  G
B  E  C  U  O  O  S  C  O  O  K
L  O  O  P  T  H  E  L  O  O  P
O  O  O  O  E  T  O  D  A  B  F
O  T  T  O  I  S  Y  O  O  K  O
P  O  S  L  A  G  O  O  N  O  O
E  C  D  R  O  R  L  O  O  O  O
R  B  O  O  B  O  O  O  M  C  G
S  E  D  O  O  A  N  P  O  A  D
D  Y  O  M  O  V  H  D  A  D  V
```

BAZOOKA	IGLOO
BIGFOOT	KAZOO
BLOOPERS	LAGOON
BOO-BOO	LOOP-THE-LOOP
COCOON	OOMPH
COOKBOOK	POOLROOM
DROOL	SNOOZE
FOOLPROOF	VAMOOSE
FOOTLOOSE	VOODOO
GOODY-GOODY	"YOO-HOO!"

24. BEACHY-KEEN

```
S  T  I  U  S  M  I  W  S  A  N
T  D  A  E  C  A  D  U  N  E  S
T  E  V  L  L  I  N  I  K  I  B
E  A  K  S  L  B  R  E  Q  D  U
W  B  I  N  L  E  R  N  R  U  B
O  E  O  O  A  T  R  A  H  S  R
T  E  C  D  B  L  U  B  E  E  T
R  K  H  I  Y  G  B  S  M  N  G
E  V  I  D  E  S  S  S  S  U  S
D  A  N  F  L  A  U  D  R  W  A
N  T  I  A  L  T  E  R  A  R  N
U  L  O  G  O  O  A  N  F  D  D
I  M  N  W  V  A  A  G  T  I  A
N  U  A  T  E  D  I  T  W  O  L
S  I  O  S  P  L  A  S  H  N  S
```

BIKINI	SANDALS
BLANKET	SPLASH
BODY SURF	SUNBLOCK
BURN	SUNGLASSES
DIVE	SWIMSUIT
DUNE	TOWEL
FLOAT	UMBRELLA
LIFEGUARD	UNDERTOW
LOW TIDE	VOLLEYBALL
RAFT	WAVES

25. GUESS THE THEME 2

For instructions on how to solve Guess the Theme puzzles, see page 8. Hint: the grid itself could be an item in the list. The word list is on page 65.

```
T  H  R  U  O  F  Y  B  O  W  T
C  L  N  E  L  G  R  E  I  D  A
O  E  N  A  P  W  O  D  N  I  W
M  W  G  M  N  A  D  S  O  A  L
I  O  A  T  L  T  G  H  H  O  D
C  T  V  P  A  E  R  E  L  U  R
S  H  T  I  H  M  E  E  M  E  A
T  C  E  E  E  S  E  T  N  T  C
R  A  R  C  H  S  I  C  E  S  T
I  E  A  E  R  N  C  E  A  D  S
P  B  L  R  O  U  S  R  O  L  O
U  F  A  P  L  L  Y  M  E  R  P
T  R  U  O  C  S  I  N  N  E  T
E  O  C  T  A  N  N  G  U  L  N
C  A  E  P  O  L  E  V  N  E  R
```

B _ _ _ _   _ _ _ _ _   P _ _ _
 B _ _ _ _ _ _ _   P _ _ _ _   _ _ _
C _ _ _ _   _ _ _ _ _   P _ _ _ _ _ _ _
 C _ _ _ _ _   R _ _ _ _ _ _
 D _ _ _ _ _   R _ _ _ _
  D _ _ _   S _ _ _ _
E _ _ _ _ _ _ _   S _ _ _ _
  F _ _ _   T _ _ _ _ _   _ _ _ _ _
  M _ _ _   T _ _ - _ _ - _ _ _ _
M _ _ _ _   _ _ _ _ _ _   W _ _ _ _ _ _ _ _

33

26. CASUAL DRESS

```
B  T  E  W  J  S  A  R  T  E  A
B  A  S  E  B  A  L  L  C  A  P
L  L  A  H  E  N  E  A  T  E  T
S  N  T  R  I  B  P  R  C  I  I
S  O  U  S  T  R  O  H  S  K  U
E  V  R  S  E  S  T  T  S  H  S
R  E  T  A  E  W  S  F  A  E  P
D  R  L  R  T  S  F  R  T  E  M
N  A  E  Q  I  O  U  T  U  S  U
U  L  N  I  T  K  O  O  A  R  J
S  L  E  U  H  L  S  M  L  E  N
E  S  C  A  U  W  A  I  C  B  L
T  E  K  C  A  J  M  I  N  E  D
O  I  T  H  A  S  T  H  G  I  T
S  L  I  P  P  E  R  S  E  S  M
```

BASEBALL CAP	OVERALLS
BELT	PAJAMAS
BLOUSE	SHORTS
CULOTTES	SLACKS
CUTOFFS	SLIPPERS
DENIM JACKET	SUNDRESS
JEANS	SWEATER
JUMPSUIT	TIGHTS
KHAKIS	T-SHIRT
MINISKIRT	TURTLENECK

27. THE LOST WORLD

```
N O J T T X E R T F A
A S L U L C O D O I G
T U N O R T N S G G E
S R A L P A S I U R O
J U I A A I S S T S F
W A R C L A W S K X R
T S W E E R E E I H E
U O G S O R L E S C P
O L M E N E A W E R T
P L A N T E A T E R I
E A T O O H F E O L L
S I N Z L B E E L P E
S T E G O S A U R U S
O F A N G C K H I N C
K E E N Y S E L A C S
```

AGE OF REPTILES
ALLOSAURUS
BONE
CLAWS
EGGS
EXTINCT
FERNS
FOSSIL
JAWS
JURASSIC

PALEONTOLOGY
PLANT EATER
RAPTOR
SCALES
SKELETON
SKULL
STEGOSAURUS
TAIL
T. REX
TRICERATOPS

28. WRITE ON!

```
S  C  R  E  E  N  P  L  A  Y  D
U  R  T  L  I  N  N  G  A  S  T
S  O  R  C  E  I  O  O  K  H  O
N  C  T  I  E  T  I  I  V  C  D
I  O  I  T  S  A  T  I  R  E  O
B  M  T  R  I  S  P  E  R  E  L
I  P  I  A  Y  G  I  H  R  P  I
O  O  M  E  M  L  R  T  M  S  S
G  S  T  N  O  W  C  E  N  R  T
R  I  I  I  T  R  S  E  M  T  O
A  T  O  Z  R  S  E  V  U  I  S
P  I  L  A  A  S  R  P  L  T  L
H  O  E  G  S  A  P  N  O  D  W
Y  N  E  A  I  L  B  R  C  R  U
R  W  Y  M  R  I  Y  G  H  T  T
```

BIOGRAPHY	NOVEL
COLUMN	POEM
COMPOSITION	PRESCRIPTION
ESSAY	REPORT
LETTER	SATIRE
LYRICS	SCREENPLAY
MAGAZINE ARTICLE	SKIT
MEMO	SPEECH
MESSAGE	STORY
NOTE	TO-DO LIST

29. SCHOOL SUPPLIES

```
S  U  S  P  P  K  L  Y  L  C  H
P  A  P  E  R  C  L  I  P  I  C
R  D  I  R  S  O  C  A  G  S  N
O  T  R  P  E  N  S  H  H  S  U
T  C  A  A  E  T  L  A  N  C  P
R  M  L  P  O  I  N  R  A  R  E
A  D  N  D  G  B  E  I  E  U  L
C  P  O  H  F  D  K  K  O  A  O
T  D  T  S  N  S  R  C  T  P  H
O  E  E  I  E  A  U  A  S  I
R  N  B  S  M  L  G  P  A  L  C
E  A  O  L  K  C  A  K  U  L  B
L  R  O  T  A  L  U  C  L  A  C
U  A  K  T  O  E  R  A  S  E  R
R  T  E  S  T  T  U  B  E  S  R
```

BACKPACK	MARKER
BINDER	PAPER CLIP
BLACKBOARD	PENCIL
CALCULATOR	PENS
CHALK	POINTER
DESK	PROTRACTOR
ERASER	RULER
HIGHLIGHTER	SCALES
HOLE PUNCH	SPIRAL NOTEBOOK
MAPS	TEST TUBES

30. BY THE NUMBERS

```
E  C  A  R  D  E  G  G  E  L  3
T  H  2  E  E  E  3  2  S  P  2
3  D  5  O  T  9  I  T  E  O  1
2  W  O  H  G  F  4  A  B  E  S
S  S  A  S  B  C  T  S  A  A  A
E  L  L  Y  E  D  E  9  B  1  Y
S  1  S  M  B  V  4  E  Y  E  S
S  E  T  E  I  U  C  O  L  B  A
A  U  Y  L  1  A  L  W  O  A  E
L  Y  9  K  T  T  I  B  N  C  C
G  4  H  C  L  U  B  K  5  O  E
D  T  H  U  2  S  O  1  L  N  A
3  2  1  B  L  A  S  T  O  F  F
2  B  Y  2  O  E  4  I  N  N  G
7  4  4  1  7  5  E  K  A  T  1
```

BABYLON 5	1, 2, BUCKLE MY SHOE
CATCH-22	R2-D2
COLT .45	TAKE 5
EASY AS 1, 2, 3	3-D GLASSES
49ER	3-LEGGED RACE
4-EYES	3-PEAT
4-H CLUB	3-2-1 BLASTOFF!
9 LIVES	3-WAY BULB
9 TO 5	2-BY-4
1-ON-1	2 IF BY SEA

31. "OH, HORRORS!"

```
D  R  O  T  A  N  I  M  R  E  T
M  E  O  R  I  E  L  U  O  H  G
H  O  M  L  S  R  R  M  O  R  M
O  V  B  O  G  E  Y  M  A  N  M
I  O  O  E  N  S  K  Y  H  I  O
G  O  D  Z  I  L  L  A  A  E  N
V  E  Y  H  A  D  L  C  N  T  S
M  O  S  U  S  N  T  I  T  S  T
E  D  N  R  N  A  S  C  V  N  E
G  R  A  V  E  R  O  B  B  E  R
A  H  T  U  I  R  H  L  A  K  D
L  T  C  H  L  A  G  N  A  N  N
O  Y  H  T  A  O  T  O  E  A  H
N  E  E  R  I  H  T  I  A  R  W
M  O  R  N  S  W  F  T  E  F  R
```

ALIENS	GODZILLA
BODY SNATCHER	GRAVE ROBBER
BOGEYMAN	MEGALON
DEMON	MONSTER
DEVIL	MUMMY
FIEND	OGRE
FRANKENSTEIN	SNAKES
GHOST	TERMINATOR
GHOUL	WITCH
GOBLIN	WRAITH

39

32. WATER, WATER EVERYWHERE

```
R  T  H  F  E  S  W  A  Y  N  R
P  I  L  T  E  O  D  R  E  I  M
U  U  V  E  N  R  T  I  O  A  M
G  B  E  U  G  E  O  V  P  G  R
E  R  I  L  L  T  R  B  H  A  E
T  R  G  N  I  E  R  E  R  R  R
S  A  I  T  S  L  T  A  K  A  E
O  Y  S  E  H  I  S  D  B  F  H
U  R  R  O  C  E  A  N  Y  A  T
N  A  H  E  H  A  I  O  I  L  E
D  U  R  F  A  I  N  P  R  L  K
S  T  T  L  N  L  E  A  D  S  E
T  S  L  T  N  E  R  D  L  S  E
A  E  S  D  E  R  U  H  O  M  R
W  E  T  E  L  P  O  R  D  S  C
```

CREEK	OCEAN
DROPLET	POND
ENGLISH CHANNEL	PUDDLE
ERIE CANAL	PUGET SOUND
ESTUARY	RAPIDS
GULF	RED SEA
HARBOR	RESERVOIR
INLET	RILL
NIAGARA FALLS	RIVULET
NILE	WELL

33. FATHER'S DAY

```
D  F  O  R  E  F  A  T  H  E  R
T  A  P  O  P  C  O  R  N  S  P
H  T  D  E  B  R  E  A  S  G  O
T  H  P  O  P  A  R  T  D  E  P
H  E  A  O  O  W  D  P  D  L  S
O  R  M  Y  P  D  W  O  O  G  I
P  F  U  I  L  A  D  P  L  N  C
O  I  W  Y  T  D  D  O  I  O  L
N  G  N  P  A  R  L  O  P  L  E
P  U  P  P  O  L  E  O  S  Y  P
O  R  G  O  I  U  P  H  E  D  L
P  E  A  P  R  T  I  P  T  D  D
T  Y  O  C  O  P  O  P  L  A  R
O  P  N  P  T  P  E  S  D  D  F
T  Y  D  D  A  D  R  A  G  U  S
```

CRAWDAD	POPCORN
DADA	POPEYE
DADDY-LONGLEGS	POPGUN
DOODAD	POPLAR
FATHER FIGURE	POPPY
FATHER TIME	POPSICLE
FOREFATHER	POP-TART
HOP ON POP	POP-TOP
LOLLIPOP	SODA POP
POP ART	SUGAR DADDY

34. JEWELS AND JEWELRY

```
I  N  D  G  A  F  P  I  L  A  M
M  A  N  R  I  E  P  T  M  L  N
T  I  O  A  N  K  L  E  T  Y  E
R  I  M  D  N  M  T  L  A  O  C
N  R  A  O  E  H  E  E  O  R  K
N  N  I  R  Y  M  R  C  C  C  L
T  E  D  S  A  I  E  A  S  U  A
Z  A  T  N  H  G  D  R  I  F  C
A  A  M  P  O  N  D  B  A  F  E
L  A  P  I  S  L  A  Z  U  L  I
S  A  A  O  Y  R  T  E  A  I  D
S  G  P  R  T  R  I  R  Y  N  L
S  B  E  O  A  E  S  B  T  K  F
R  B  T  U  R  Q  U  O  I  S  E
I  E  Q  N  B  R  O  O  C  H  D
```

AMETHYST	OPAL
ANKLET	PEARL
BERYL	PENDANT
BRACELET	QUARTZ
BROOCH	RING
CUFF LINK	RUBY
DIAMOND	SAPPHIRE
EMERALD	TIARA
LAPIS LAZULI	TOPAZ
NECKLACE	TURQUOISE

35. CHECK THIS OUT

```
      I  F  B  Y  N  G  O
   D  R  A  O  B  A  W  U  P
   L  A  E  B  M  E  T  A  M
   A  N  T  B  I  S  H  O  P
   Y  K  I  Y  C  T  A  K  E
   H  T  H  F  E  S  C  S  A
      L  W  I  M  O  V  E
         O  S  L  T  A
         R  C  E  N  Y
         C  H  E  C  K
         D  E  O  C  N
         U  R  A  U  I
      Q  A  L  A  C  G  H
   E  S  B  S  N  W  H  U  T
K  I  N  G  N  I  L  T  S  A  C
```

BISHOP	KING
BLACK	KNIGHT
BOARD	MATE
BOBBY FISCHER	MOVE
CASTLING	PAWN
CHECK	QUEEN
CLOCK	RANK
DRAW	TAKE
GAMBIT	WHITE

36. IN THE WILD, WILD WEST

```
G  N  W  O  T  T  S  O  H  G  E
O  T  W  E  E  S  A  P  R  T  K
Y  G  U  L  C  H  N  O  U  U  O
N  O  L  M  G  M  T  S  S  R  M
A  U  K  N  B  W  A  A  T  S  S
B  F  A  C  C  L  F  M  L  O  N
S  E  U  P  O  K  E  R  E  S  U
T  A  S  O  W  R  T  W  R  D  G
A  V  N  S  B  I  R  C  E  E  G
M  H  I  V  O  E  A  A  N  E  O
P  B  O  Y  Y  P  I  H  L  U  D
E  V  I  R  D  E  L  T  T  A  C
D  O  R  R  S  A  C  L  C  E  G
E  R  A  E  E  E  A  L  E  A  Y
S  W  S  H  O  W  D  O  W  N  C
```

BULLET	OUTLAW
CACTI	POKER
CATTLE DRIVE	POSSE
COWBOY	RUSTLER
"DRAW!"	SALOON
GHOST TOWN	SANTA FE TRAIL
GULCH	SHOWDOWN
GUNSMOKE	SPURS
HORSE	STAMPEDES
O.K. CORRAL	TUMBLEWEED

37. DRINK IT UP

```
G  W  H  W  A  T  E  R  H  E  N
L  A  O  I  F  E  E  H  H  A  R
I  N  T  M  A  E  R  C  G  G  E
S  D  C  O  B  S  N  Y  M  O  P
P  U  H  T  R  U  L  I  O  O  P
E  K  O  C  P  A  L  T  U  U  E
P  O  C  S  O  K  D  F  N  L  P
R  E  O  M  S  O  E  E  T  N  R
S  R  L  H  A  M  V  V  A  A  D
O  R  A  N  G  E  J  U  I  C  E
K  K  T  T  S  E  T  L  N  A  E
E  G  E  M  C  O  O  D  D  N  N
G  O  N  G  G  E  D  A  E  D  E
O  U  T  A  O  F  N  A  W  C  T
H  R  E  Z  T  L  E  S  E  M  I
```

COKE	NECTAR
DR PEPPER	ORANGE JUICE
EGG CREAM	PEPSI
EGGNOG	PUNCH
EVIAN	ROOT BEER
GATORADE	SELTZER
HOT CHOCOLATE	SEVEN-UP
ICED TEA	SODA
MILK SHAKE	TANG
MOUNTAIN DEW	WATER

38. 'TWAS THE NIGHT

```
R  E  C  N  A  R  P  I  F  S  T
A  N  T  C  E  A  E  A  N  E  H
O  H  O  H  O  H  D  C  M  C  P
S  L  S  R  O  K  S  O  N  E  L
D  A  D  I  P  U  C  S  P  A  O
D  A  N  S  S  H  C  I  E  S  D
N  E  Z  T  I  L  B  S  N  C  U
S  A  R  M  A  E  E  Y  O  T  R
U  T  N  A  W  C  H  I  A  T  S
S  E  N  S  S  D  L  O  G  D  Y
Y  O  U  E  H  A  V  A  O  H  V
O  E  V  V  S  I  C  N  U  T  L
T  L  A  E  X  E  N  U  S  S  T
E  R  O  E  P  E  R  H  O  I  B
I  A  N  O  R  T  H  P  O  L  E
```

BLITZEN	LIST
CHIMNEY	NORTH POLE
CHRISTMAS EVE	PRANCER
COMET	PRESENTS
CUPID	RUDOLPH
DANCER	SANTA CLAUS
DASHER	SLEIGH
DONNER	ST. NICK
ELVES	TOYS
"HO! HO! HO!"	VIXEN

39. STRAIGHT A'S

```
D  I  T  M  S  A  D  A  Y  O  M
X  U  N  A  M  A  R  D  O  A  T
T  A  T  L  J  M  S  A  G  I  H
C  A  M  S  A  M  H  N  H  E  A
N  T  H  D  A  T  A  A  I  A  T
D  S  A  N  A  C  R  H  D  T  S
R  H  E  A  A  M  P  N  A  O  A
A  C  A  R  A  L  A  R  M  L  W
C  N  T  G  A  L  S  B  L  Y  R
T  A  V  B  A  N  A  N  A  O  A
R  W  N  L  D  E  T  L  U  L  P
A  S  A  A  E  D  A  F  A  I  A
M  L  L  N  D  E  C  S  A  V  E
S  A  R  Y  E  A  K  N  T  R  R
S  P  A  T  S  A  J  A  K  Y  M
```

ALABAMA	MAD MAX
ALASKA	MAGNA CARTA
ANT FARM	PAT SAJAK
ARMADA	SAHARA
BANANA	SALAD
CANADA	SATAN
CAR ALARM	SHARP AS A TACK
DRAMA	"SMART" CARD
GRAND SLAM	TAJ MAHAL
LA-LA LAND	"THAT'S A WRAP!"

40. GUESS THE THEME 3

For instructions on how to solve Guess the Theme puzzles, see page 8. The word list is on page 65.

```
T  H  T  N  A  E  G  R  E  S  W
E  D  G  R  B  R  I  E  D  T  A
E  I  I  S  I  F  B  I  I  L  R
L  L  E  A  L  E  R  E  G  I  T
O  D  W  I  L  T  S  H  Z  I  S
P  A  T  B  I  P  E  M  N  S  C
R  Q  M  B  A  R  C  O  D  E  A
E  U  T  H  R  A  C  C  O  O  N
B  A  T  A  D  A  T  B  A  E  D
R  F  L  I  B  W  A  A  Y  E  Y
A  R  K  L  A  W  S  S  O  R  C
B  E  S  F  L  F  K  S  O  E  A
R  S  O  F  L  U  R  T  E  F  N
N  H  H  A  N  A  V  A  E  E  E
S  T  R  K  I  P  G  E  P  R  S
```

A _ _ _ _ _ _ _ _   P _ _ _ _ _ _
   B _ _ _ _   P _ _ _ _
B _ _ _ _ _   _ _ _ _   R _ _ _ _ _ _
   B _ _   _ _ _ _   R _ _ _ _ _ _
      B _ _ _   S _ _ _ _ _ _ _
B _ _ _ _ _ _ _   _ _ _ _   S _ _ _ _
   B _ _ _ _ _ _ _   S _ _ _ _
   C _ _ _ _   _ _ _ _   T _ _ _
   C _ _ _ _ _ _ _ _   T _ _ _ _
      F _ _ _   Z _ _ _ _
```

48
```

41. STATE OF THE ART

```
W  E  M  E  P  A  C  S  A  E  S
G  A  L  I  Y  R  L  E  L  T  I
N  C  L  E  V  T  E  I  I  I  N
I  A  W  I  S  G  S  L  T  H  O
D  V  M  O  N  A  L  I  S  A  Y
A  E  O  U  U  L  E  L  B  T  A
H  P  P  F  I  L  O  R  E  U  R
S  A  T  F  R  E  Y  E  M  T  C
U  I  E  I  S  R  S  T  I  I  C
H  N  A  Z  N  Y  D  A  A  R  B
A  T  E  I  P  T  R  W  G  R  B
U  I  E  T  S  T  A  T  U  E  N
O  N  T  Y  R  W  I  S  T  H  D
O  G  U  O  W  T  H  C  O  O  K
R  E  P  P  U  S  T  S  A  L  S
```

ART GALLERY	OILS
BRUSH	PIETÀ
CAVE PAINTING	PORTRAIT
CRAYON	SEASCAPE
CUBIST	SHADING
DALI	STATUE
DEGAS	STILL LIFE
EASEL	UFFIZI
LAST SUPPER	WATER LILIES
MONA LISA	WYETH

42. WEATHER REPORT

```
H  U  R  R  I  C  A  N  E  W  H
O  E  R  R  A  E  L  C  E  T  F
T  V  G  E  R  I  Y  O  H  U  L
H  E  O  T  E  S  N  U  S  H  A
A  A  M  R  E  I  N  F  T  A  S
Z  S  S  P  R  D  A  G  A  I  H
Y  Y  T  E  E  L  S  N  I  L  F
A  N  D  R  I  R  N  I  G  A  L
N  L  L  U  T  T  A  N  H  E  O
D  B  A  R  O  M  E  T  E  R  O
H  T  I  S  R  L  M  H  U  E  D
U  O  Z  O  N  E  C  G  F  R  W
M  R  T  O  A  O  M  I  C  I  E
I  S  A  N  D  D  W  L  N  I  D
D  E  T  N  O  R  F  D  L  O  C
```

BAROMETER	RAINFALL
CLEAR	SLEET
CLOUDY	SMOG
COLD FRONT	SNOW
FLASH FLOOD	STORM
HAIL	SUNSET
HOT, HAZY, AND HUMID	TEMPERATURE
HURRICANE	THUNDER
LIGHTNING	TORNADO
OZONE	WIND

43. GET THE PICTURE?

```
P  Y  P  H  O  T  O  O  P  T  O
A  O  U  C  U  O  U  L  E  D  S
C  A  T  Y  T  A  R  E  M  A  C
S  K  O  S  O  D  H  E  A  K  T
N  F  T  O  F  S  U  N  S  N  R
E  M  A  R  F  D  E  R  I  O  I
L  E  M  O  O  R  K  R  A  D  P
D  W  O  I  C  N  P  T  I  A  O
L  R  T  A  U  N  D  O  S  T  D
P  W  O  S  S  O  R  H  R  L  K
S  K  F  W  L  A  A  S  S  O  A
L  M  A  M  L  I  F  D  D  N  N
D  D  I  O  E  V  D  A  E  I  L
O  P  P  L  M  E  K  E  N  M  T
S  N  E  L  E  Y  E  H  S  I  F
```

CAMERA	MINOLTA
DARKROOM	OUT OF FOCUS
FILM	PHOTO OP
FISH-EYE LENS	POLAROID
FOTOMAT	POSE
FRAME	PRINT
F-STOP	PROOF SHEET
HEAD SHOT	SLIDES
KODAK	"SMILE!"
LENS CAP	TRIPOD

44. AT THE ZOO

```
Z  E  B  R  A  W  A  E  N  O  E
E  E  D  D  E  A  L  M  P  C  H
L  A  N  N  I  B  L  P  A  M  A
E  A  O  A  O  N  I  H  R  L  A
P  L  G  A  T  H  R  S  L  L  L
H  L  A  I  F  U  O  E  O  I  L
A  S  R  P  E  N  G  U  I  N  I
N  A  D  N  O  C  A  N  A  C  G
T  O  O  G  N  N  D  E  A  C  A
T  E  D  D  I  R  A  N  D  R  T
S  P  O  L  A  R  B  E  A  R  O
H  O  M  P  L  U  A  L  D  T  R
K  C  O  C  A  E  P  F  T  B  E
P  E  K  R  O  O  T  E  F  E  C
L  I  P  A  K  O  R  T  E  E  D
```

ALLIGATOR	LLAMA
ANACONDA	OKAPI
BISON	ORANGUTAN
ELEPHANT	OTTER
GIRAFFE	PANDA
GORILLA	PEACOCK
HIPPO	PENGUIN
KOALA	POLAR BEAR
KOMODO DRAGON	RHINO
LEOPARD	ZEBRA

45. "THERE'S NOTHING TO DO!"

The list below contains words meaning "nothing" and phrases with the word "nothing." In the grid, though, when the word "nothing" appears, we've replaced it with an O. Thus, GOOD FOR NOTHING will appear as GOODFORO. When two words cross at a shared O, it may act as the letter O in one word and "nothing" in the other.

```
T   H   I   N   K   O   O   F   I   T   O
T   H   U   O   E   Z   S   I   F   T   F
O   L   C   H   O   E   I   E   M   M   O
L   B   G   I   S   R   L   L   U   E   Y
G   I   U   N   N   O   F   O   C   E   T
O   Y   L   T   I   D   R   W   H   H   N
O   T   A   O   T   O   I   T   A   S   E
S   R   D   E   F   R   D   S   D   C   L
E   A   R   D   R   E   O   O   O   L   P
E   P   O   A   U   S   Q   U   A   T   T
G   O   I   L   E   B   E   T   B   D   O
G   W   C   N   A   W   A   S   O   L   G
A   O   S   H   A   O   O   O   U   W   E
N   N   A   B   O   D   U   T   T   T   V
O   K   K   C   I   L   A   T   O   N   I
```

GOOD-FOR-NOTHING	NOTHING BUT TROUBLE
GOOSE EGG	NOTHING DOING
"I'VE GOT PLENTY OF NOTHING"	NOTHING LEFT
KNOW-NOTHING PARTY	NOTHING TO IT
MUCH ADO ABOUT NOTHING	NOTHING TO WEAR
NADA	NULL
NO CLUE	SQUAT
NO HINT	"THINK NOTHING OF IT"
NOT A LICK	ZERO
NOTHING AT ALL	ZILCH

46. WALK THE PLANK

```
T  B  L  A  C  K  B  E  A  R  D
H  R  H  E  C  E  M  A  E  E  P
D  J  C  D  O  A  R  D  T  V  A
S  I  T  E  O  A  N  M  S  L  N
E  A  A  R  E  U  T  N  H  I  D
N  E  P  R  L  S  B  P  O  S  I
O  I  E  P  R  W  P  L  A  N  K
B  P  Y  O  H  O  H  O  O  H  A
S  R  E  G  O  R  Y  L  L  O  J
S  T  E  N  E  D  S  B  U  J  N
O  C  M  C  Z  A  N  S  E  G  E
R  R  S  S  S  A  H  G  A  N  N
C  A  P  T  A  I  N  H  O  O  K
D  A  R  A  P  I  D  C  E  L  R
M  T  R  E  A  S  U  R  E  S  D
```

BLACKBEARD	MAPS
CANNON	PENZANCE
CAPTAIN HOOK	PLANK
CROSSBONES	PLUNDER
DOUBLOON	RAID
EYE PATCH	SHIP
GOLD	SMEE
JOLLY ROGER	SWORD
KIDNAP	TREASURE
LONG JOHN SILVER	"YO-HO-HO"

47. IN THE PARK

```
S  T  O  T  S  O  P  P  M  A  L
S  T  R  O  L  L  E  R  A  M  R
E  W  T  E  H  L  I  N  S  T  E
G  A  T  H  E  A  A  T  T  I  H
R  T  S  E  A  B  S  Y  A  C  T
L  E  R  R  I  U  Q  S  T  T  A
O  R  K  R  A  H  C  A  U  H  B
I  F  D  L  S  O  C  C  E  R  N
E  O  V  E  A  F  I  N  S  C  U
B  U  S  H  O  W  A  L  E  F  S
E  N  L  E  E  D  G  A  L  B  W
A  T  M  R  E  G  G  O  J  L  K
I  A  I  N  T  H  W  E  D  P  A
G  I  R  K  E  E  B  S  I  R  F
D  N  U  O  R  G  Y  A  L  P  K
```

BALL	LAMPPOST
BENCH	PATH
BIRD	PLAYGROUND
BUSH	SOCCER
DOG-WALKER	SQUIRREL
FLOWER	STATUE
FRISBEE	STROLLER
GAME OF CATCH	SUNBATHER
JOGGER	TREE
KITE	WATER FOUNTAIN

48. SPACED OUT

```
V  I  R  S  H  U  T  T  L  E  E
T  S  B  T  U  A  P  L  L  T  P
N  P  R  L  Y  A  M  R  I  L  O
L  A  S  R  A  M  I  L  O  L  C
E  C  T  S  I  C  L  F  E  B  S
D  E  E  I  T  E  K  C  O  R  E
P  S  E  R  T  N  Y  H  D  S  L
Y  T  O  A  N  E  W  N  O  N  E
R  A  S  L  S  E  A  R  R  L  T
U  T  G  O  Y  U  Y  U  D  E  E
C  I  E  P  R  X  N  T  N  I  L
R  O  S  T  A  R  V  A  E  D  B
E  N  M  L  F  R  L  S  R  O  B
M  M  A  E  T  P  H  E  S  U  U
U  G  R  E  T  I  P  U  J  N  H
```

BLACK HOLE	POLARIS
COMET	PROBE
EARTH	ROCKET
GALAXY	SATELLITE
HUBBLE TELESCOPE	SATURN
JUPITER	SHUTTLE
MARS	SPACE STATION
MERCURY	STAR
MILKY WAY	TITAN
PLANET	URANUS

49. DISNEY WORLD

```
X  O  F  R  E  R  B  W  H  A  L
T  D  W  C  I  S  N  E  E  A  Y
S  C  I  N  D  E  R  E  L  L  A
N  L  N  M  T  C  H  A  E  L  P
A  R  N  U  U  E  D  C  O  I  E
P  R  I  L  Y  D  A  L  N  V  D
R  H  E  A  I  O  L  O  D  E  E
E  S  T  N  R  F  C  N  O  D  R
T  L  H  M  D  C  O  S  A  A  I
E  T  E  O  H  A  O  C  A  L  D
P  E  P  I  B  M  A  B  G  L  A
M  E  O  Y  R  A  W  W  M  E  A
Y  F  O  O  G  A  O  R  D  U  O
S  C  H  A  R  M  S  W  O  R  D
N  D  O  N  A  L  D  D  U  C  K
```

ALADDIN	DUMBO
ALICE	GOOFY
ARIEL	HERCULES
BAMBI	LADY
BELLE	MOWGLI
BRER FOX	MULAN
CINDERELLA	NALA
CRUELLA DE VIL	PETER PAN
DONALD DUCK	PINOCCHIO
DOPEY	WINNIE-THE-POOH

50. THINGS THAT CARRY THINGS

```
W G A B L E F F U D F
E H O P G R S A H G E
S S E R R C A R C R R
A R A E I E P E U R E
C B P T L O H I O P L
F G E E H B Y S P O I
E N S L H D A A O V A
I E L L D B E R O E R
R E R A E B H C R O T
B E C W N T U S A O E
D S T O E M N O G A W
C I O K N A V C N S E
Y L S M E R S S A A G
F A N N Y P A C K R E
B V S G A B K O O B T
```

BARGE	PRAM
BASKET	PURSE
BELLHOP	SACK
BOOK BAG	SHERPA
BRIEFCASE	TORCHBEARER
CADDY	TRAILER
CART	VALISE
DUFFEL BAG	WAGON
FANNY PACK	WALLET
KANGAROO POUCH	WHEELBARROW

51. SEVEN-LETTER GIRLS' NAMES

```
E N O T T F J I C E T
N H R O B E R T A E A
R E O V Z L G E R R A
E L E E L I S D A H A
V D B R P C E B I F T
A E M L U I R H D R E
L B A L U A E O U A B
O O R P B C M S A N F
V R Y O I E I R L C M
M A A D L L V L C E A
I H N I T L S E L S R
C A N E L E O I R E I
C D S E S T S T O L L
A S A C I S S E J Y Y
M M E T A E A R I C N
```

<table>
<tr><td>BARBARA</td><td>JEZEBEL</td></tr>
<tr><td>BEVERLY</td><td>LAVERNE</td></tr>
<tr><td>BRIDGET</td><td>LUCILLE</td></tr>
<tr><td>CANDICE</td><td>MARILYN</td></tr>
<tr><td>CLAUDIA</td><td>MARYANN</td></tr>
<tr><td>DEBORAH</td><td>MAUREEN</td></tr>
<tr><td>ESTELLE</td><td>MELINDA</td></tr>
<tr><td>FELICIA</td><td>MELISSA</td></tr>
<tr><td>FRANCES</td><td>ROBERTA</td></tr>
<tr><td>JESSICA</td><td>VANESSA</td></tr>
</table>

52. MODERN ELECTRONICS

```
H  C  T  A  W  S  C  H  V  O  X
W  M  V  R  T  A  R  A  T  O  S
N  Y  C  E  E  E  I  T  B  E  A
E  M  R  S  T  M  H  M  E  L  T
N  E  S  N  E  C  O  R  W  E  E
O  O  I  D  A  O  I  T  R  D  L
H  R  I  Y  B  M  O  D  E  M  L
P  O  U  T  R  P  K  P  N  P  I
L  A  A  R  A  U  A  L  N  E  T
L  N  G  T  S  T  H  A  A  V  E
E  E  A  E  O  E  S  T  C  W  D
C  Y  O  E  R  R  U  Y  S  R  I
O  I  D  A  R  M  F  M  A  A  S
N  I  N  T  E  N  D  O  G  L  H
V  O  I  C  E  M  A  I  L  E  P
```

AM-FM RADIO	REMOTE
BOOMBOX	SATELLITE DISH
CABLE	SCANNER
CELL PHONE	STEREO
COMPUTER	SWATCH
MODEM	VCRS
NINTENDO	VIDEOTAPE
PAGER	VOICE MAIL
PLAYSTATION	WALKMAN
PRINTER	WEB TV

53. LAND ROVERS

```
C  H  A  R  I  O  T  B  H  I  F
N  F  M  O  T  R  T  O  I  Y  I
Y  S  B  R  E  A  T  R  J  K  R
S  O  U  C  A  R  R  I  A  G  E
N  C  L  B  O  E  T  S  L  L  E
K  T  A  D  L  N  U  N  I  T  N
S  M  N  A  E  O  N  B  M  W  G
E  L  C  Y  C  R  O  T  O  M  I
L  R  E  E  S  M  C  H  K  E  N
C  D  O  I  W  U  V  E  C  R  E
Y  T  W  O  G  O  L  T  H  S  O
C  I  N  W  A  H  S  K  C  I  R
I  S  X  U  S  A  N  N  Y  D  C
N  A  R  A  H  A  N  S  O  M  S
U  S  K  A  T  E  B  O  A  R  D
```

AMBULANCE	RICKSHAW
BIKE	SCHOOL BUS
CARRIAGE	SKATEBOARD
CHARIOT	SLEIGH
FIRE ENGINE	SNOWMOBILE
HANSOM	SULKY
HOT ROD	TANK
JITNEY	TAXI
LIMO	TRUCK
MOTORCYCLE	UNICYCLE

54. SAY IT WITH FLOWERS

```
P  R  E  W  O  L  F  N  U  S  R
E  I  O  B  B  O  U  Q  U  E  T
G  S  L  O  E  S  P  C  S  C  A
A  S  M  U  M  P  O  A  R  A  E
S  R  E  T  T  R  D  V  N  L  I
R  O  L  O  C  A  E  O  T  S  S
O  A  R  N  E  Y  O  B  L  E  Y
C  A  R  N  A  T  I  O  N  N  U
E  G  I  I  S  F  Y  O  U  N  F
H  T  A  E  R  B  S  Y  B  A  B
E  E  F  R  L  S  S  O  S  N  P
R  A  D  E  L  I  L  Y  A  E  R
P  O  S  Y  A  A  E  Y  O  E  O
U  B  S  D  L  U  N  N  E  U  T
N  O  S  E  G  A  Y  D  O  Q  O
```

BABY'S-BREATH	MUMS
BOUQUET	NOSEGAY
BOUTONNIERE	PANSY
CARNATION	PEONY
CORSAGE	POSY
CROCUS	QUEEN ANNE'S LACE
DAISY	ROSE
FESTOON	SPRAY
GARLAND	SUNFLOWER
LILY	TULIP

55. "WE'RE OFF TO DO A PUZZLE"

```
N  A  M  D  O  O  W  N  I  T  D
O  W  S  R  I  T  W  E  R  D  A
P  A  L  C  F  R  I  A  N  R  O
L  R  U  S  A  S  N  A  K  A  R
A  K  A  N  L  R  G  B  A  Z  K
C  G  N  I  T  L  E  M  M  I  C
E  P  O  U  N  E  D  C  B  W  I
L  N  A  M  A  B  M  D  R  D  R
I  E  I  L  D  D  O  F  A  O  B
K  H  G  O  A  R  N  W  I  U  W
E  R  C  A  O  C  K  I  N  T  O
H  E  E  T  R  A  E  H  L  T  L
O  N  H  O  I  U  Y  Z  O  G  L
M  Y  B  O  O  W  O  T  K  S  E
E  M  E  R  A  L  D  C  I  T  Y
```

AUNT EM	"… NO PLACE LIKE HOME"
BRAIN	PALACE
COURAGE	RAINBOW
DOROTHY	SCARECROW
EMERALD CITY	TIN WOODMAN
GLINDA	TOTO
HEART	WINGED MONKEY
"I'M MELTING!"	WITCH
KANSAS	WIZARD
LION	YELLOW BRICK ROAD

56. FAMOUS LAST WORDS

```
B  R  T  I  L  L  S  C  N  T  A
R  E  V  L  I  S  O  Y  I  H  E
X  G  G  A  T  T  I  I  O  A  C
M  N  T  O  B  E  D  L  S  T  O
A  A  A  Y  O  U  A  O  N  S  M
T  R  A  R  S  D  G  A  I  A  E
M  T  R  C  O  S  H  O  O  L  B
F  S  R  I  U  A  T  O  F  L  A
T  A  A  H  V  Y  O  L  E  F  C
M  E  R  A  C  E  K  A  T  O  K
R  B  E  E  L  E  D  T  H  L  A
S  T  T  D  W  S  A  E  L  K  A
V  N  O  I  S  E  T  R  R  S  A
U  O  Y  E  V  O  L  I  B  C  A
T  D  B  Y  G  N  O  L  O  S  I
```

"ADIOS"	"I LOVE YOU"
"ALOHA"	"LATER"
"ARRIVEDERCI"	"SCRAM!"
"BE GOOD"	"SEE YA"
"BUG OFF!"	"SHOO!"
"CIAO"	"SO LONG"
"COME BACK!"	"TAKE CARE"
"DON'T BE A STRANGER"	"TA-TA"
"FAREWELL"	"THAT'S ALL, FOLKS!"
"HI-YO, SILVER!"	"TOODLE-OO!"

10. GUESS THE THEME 1 WORD LIST

BAGEL
BELT
BIRDHOUSE
BUTTON
CHEERIOS
DONUT
FLUTE
GOLF GREEN
LIFE SAVERS
NETS

NOSE
NOTEBOOK PAPER
PIERCED EAR
POCKET
SEWING NEEDLE
SOCK
STRAINER
STRAW
SWISS CHEESE
TIRE

25. GUESS THE THEME 2 WORD LIST

BEACH TOWEL
BEDSHEET
COMIC STRIP
COUPON
DOMINO
DOOR
ENVELOPE
FLAG
MENU
MOVIE SCREEN

PAGE
PLACE MAT
POSTCARD
RECEIPT
RULER
SHELF
STAMP
TENNIS COURT
TWO-BY-FOUR
WINDOWPANE

40. GUESS THE THEME 3 WORD LIST

AQUAFRESH
BACON
BARBER POLE
BAR CODE
BASS
BILLIARD BALL
BUMBLEBEE
CANDY CANE
CROSSWALK
FLAG

PARFAIT
PLAID
RACCOON
REFEREE
SERGEANT
SKUNK
STRAW
TIES
TIGER
ZEBRA

1. GETTING STARTED

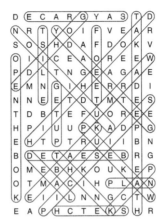

Driver's advice: Engage mind before putting mouth in gear.

2. AT THE MALL

Tall Paul saw a scrawl on the wall at that small mall.

3. X MARKS THE SPOT

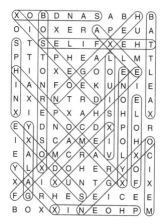

A boxer put the mix of Kix, Trix, and Rice Chex in the icebox.

4. THE SIMPSONS

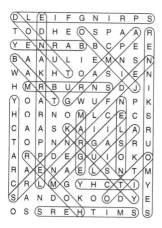

The space aliens who show up on occasion are Kang and Kodos.

5. CIRCLING THE BASES

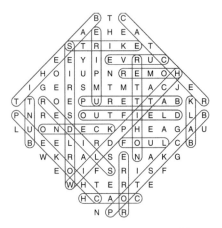

The youngest major leaguer was age fifteen.

6. "IT'S ABOUT TIME!"

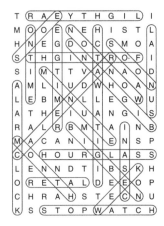

"Time is the most valuable thing a man can spend." —Theophrastus

7. AT THE MOVIES

At the movies, you pay to sit in the dark with a lot of strangers.

8. SURFING THE WEB

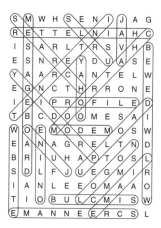

When a girl sends an electronic message, that's female e-mail.

9. LIFE'S A PICNIC

A picnic means a fun time, a food-filled outing, or easy task.

10. GUESS THE THEME 1

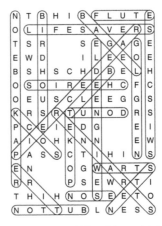

This Swiss cheese grid has things with holes.

11. MONOPOLY GAME

Monopoly properties are named after streets in Atlantic City, NJ.

12. A BAND WE'D LIKE TO HEAR

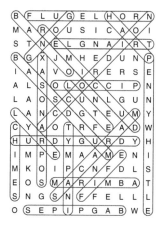

"Music is the universal language of mankind." —Longfellow

13. THINGS THAT SPIN

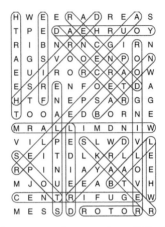

"We are spinning our own fates, good or evil." —William James

14. CAMP SIGHTS

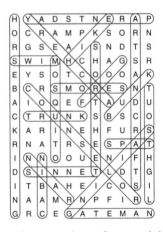

Camp songs and scary stories are fun around the campfire.

15. HINKY PINKY

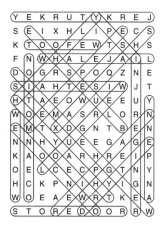

Six hicks froze toes on the Greek peak.

16. ONE STEP AT A TIME

A teacher once said, "Ignore books. To learn how to dance, dance!"

17. THE LEGEND OF ARTHUR

Arthur alone was able to pull the sword out of the stone.

18. FEELING LUCKY?

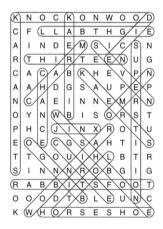

Finding a heads-up penny is thought to bring good luck.

19. IT'S ELEMENTARY

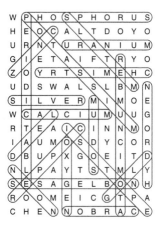

What do you get if you swallow uranium? You get atomic ache.

20. PIECE A PIZZA

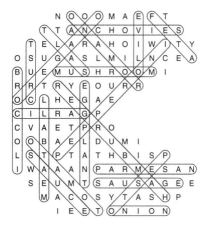

No matter how you slice it, you have to admit this was easy as pie.

21. DOG AND CAT SCAN

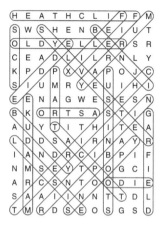

When it's really pouring, we say it's raining cats and dogs.

22. STAR WARS

The film "Spaceballs" was a spoof of "Star Wars."

23. "OH-OH!"

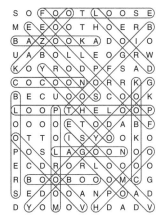

Some other double O words are cuckoo, tattoo, Scrooge, and doodad.

24. BEACHY-KEEN

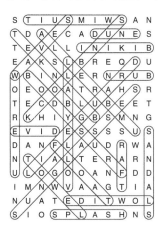

Sandcastles require three things: sand, water, and imagination.

25. GUESS THE THEME 2

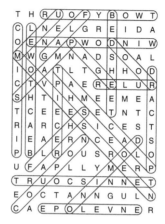

The grid and all the theme entries are usually rectangular.

26. CASUAL DRESS

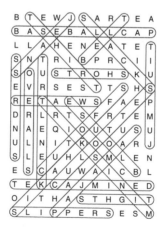

"Beware ... all enterprises that require new clothes." [—Thoreau]

27. THE LOST WORLD

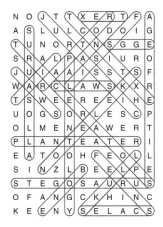

Not all dinosaurs were huge. Some were the size of a chicken.

28. WRITE ON!

During a rite, it is right to write to Orville and Wilbur Wright.

29. SCHOOL SUPPLIES

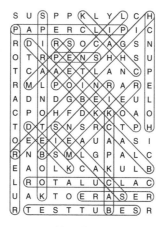

Supply costs can add up fast—using a calculator.

30. BY THE NUMBERS

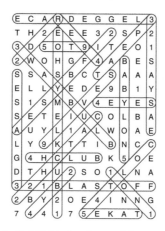

The 3 Stooges called 911 to buy 1-way tickets on a Boeing 747.

31. "OH, HORRORS!"

More horror movies have had Count Dracula than any other monster.

32. WATER, WATER EVERYWHERE

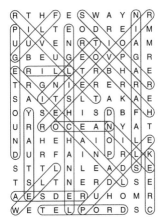

The way to remember the Great Lakes is by their first letters: H-O-M-E-S.

33. FATHER'S DAY

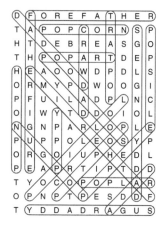

The best daddy would win a "pop"-ularity contest.

34. JEWELS AND JEWELRY

In a film, Marilyn Monroe once sang, "Diamonds are a girl's best friend."

35. CHECK THIS OUT

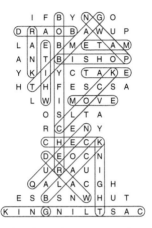

If you play chess a lot, are you a chess-nut?

36. IN THE WILD, WILD WEST

"Go west, young man" was famous advice given by Horace Greeley.

37. DRINK IT UP

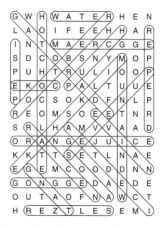

When life hands you lots of lemons, make lemonade out of them.

38. 'TWAS THE NIGHT

If Santa and closed spaces scare you, what do you have? Claus-trophobia!

39. STRAIGHT A'S

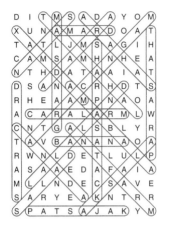

Did you notice that A is the only vowel used in every entry?

40. GUESS THE THEME 3

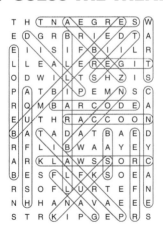

The grid is filled with items that always or often have stripes.

85

41. STATE OF THE ART

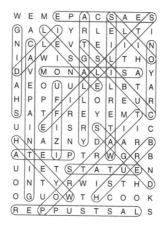

"We may live without poetry, music, and art … but not without cooks."
[—Bulwer-Lytton]

42. WEATHER REPORT

"Wherever you are, it's raining all the time." —from "Candide"

43. GET THE PICTURE?

You could say Kodak founder Edwin Land's work was a land development.

44. AT THE ZOO

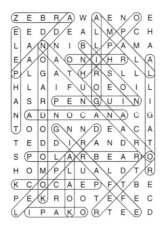

We need each animal. All life is connected and should be protected.

45. "THERE'S NOTHING TO DO!"

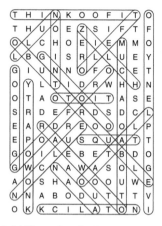

The sitcom "Seinfeld" was described as a show about O [nothing].

46. WALK THE PLANK

Three major teams are the Pirates, Buccaneers, and Raiders.

47. IN THE PARK

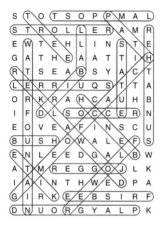

Something that is easy to achieve is called a walk in the park.

48. SPACED OUT

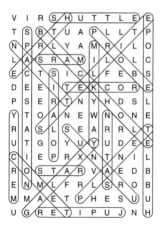

Virtually all life depends on energy derived from the sun.

49. DISNEY WORLD

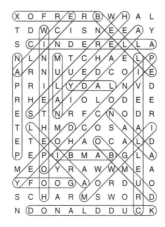

Walt Disney's the recordholder for most Academy Award Oscars won.

50. THINGS THAT CARRY THINGS

For ages, carrier pigeons have been used to convey messages.

51. SEVEN-LETTER GIRLS' NAMES

Notice the overall shape the loops form. It's close to symmetric.

52. MODERN ELECTRONICS

How many items here did your parents have at your age?

53. LAND ROVERS

```
C H A R I O T B H I F
N F M O T R T O I Y I
Y S B R E A T R J K R
S O U C A R R I A G E
N C L B O E T S L L E
K T A D L N U N I T N
S M N A E O N B M W G
E L C Y C R O T O M I
L R E E S M C H K E N
C D O I W U V E C R E
Y T W O G O L T H S O
C I N W A H S K C I R
I S X U S A N N Y D C
N A R A H A N S O M S
U S K A T E B O A R D
```

In forty years, one stuntman wrecked over two thousand cars.

54. SAY IT WITH FLOWERS

```
P R E W O L F N U S R
E I O B B O U Q U E T
G S L O E S P C S C A
A S M U M P O A R A E
S R E T T R D V N L I
R O L O C A E O T S S
O A R N E Y O B L E Y
C A R N A T I O N N U
E G I I S F Y O U N F
H T A E R B S Y B A B
E E F R L S S O S N P
R A D E L I L Y A E R
P O S Y A A E Y O E O
U B S D L U N N E U T
N O S E G A Y D O Q O
```

Roses are red, violets are blue. If you feel so sad, are you blue, too?

55. "WE'RE OFF TO DO A PUZZLE"

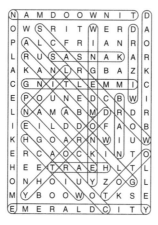

Writer L. Frank Baum did fourteen Oz books.

56. FAMOUS LAST WORDS

Till next time! Sayonara! I'm outta here! Hasta la vista, baby!

Index

Italics indicate answer page number

• • •

About the Author

Mark Danna, a Mensa member, has created many kinds of puzzles: word searches, crosswords, Wordy Gurdy rhymes, visual puns, and trivia quizzes. His puzzles have been published by *The New York Times*, United Feature Syndicate, CNN on-line, and *Games*, where he was an associate editor for five years. Before becoming a puzzle-maker, Danna was a three-time national Frisbee champion. He is coauthor of the *Frisbee Players' Handbook*, a round book that came packaged in a Frisbee.

What Is Mensa?

Mensa
The High IQ Society

Mensa is the international society for people with a high IQ. We have more than 100,000 members in over 40 countries worldwide.

Anyone with an IQ score in the top two percent of population is eligible to become a member of Mensa—are you the "one in 50" we've been looking for?

Mensa membership offers an excellent range of benefits:
• Networking and social activities nationally and around the world;
• Special Interest Groups (hundreds of chances to pursue your hobbies and interests—from art to zoology!);
• Monthly International Journal, national magazines, and regional newsletters;
• Local meetings—from game challenges to food and drink;
• National and international weekend gatherings and conferences;
• Intellectually stimulating lectures and seminars;
• Access to the worldwide SIGHT network for travelers and hosts.

For more information about American Mensa:
www.us.mensa.org
Telephone:
(800) 66-MENSA
American Mensa Ltd.
1229 Corporate Drive West
Arlington, TX 76006-6103
USA

For more information about British Mensa (UK and Ireland):
www.mensa.org.uk
Telephone:
+44 (0) 1902 772771
E-mail:
enquiries@mensa.org.uk
British Mensa Ltd.
St. John's House
St. John's Square
Wolverhampton WV2 4AH
United Kingdom

For more information about Mensa International:
www.mensa.org
Mensa International
15 The Ivories
6–8 Northampton Street
Islington, London N1 2HY
United Kingdom